藏在博物馆里的
中国历史

秦 汉
那些事儿

有识文化
成都地图出版社　　编著

成都地图出版社

目录

秦朝时期地图

阿房宫
与长城、秦始皇陵、秦直道合称为"秦朝四大工程"。

小篆
丞相李斯负责创制的全国统一文字的汉字书写形式。

秦始皇陵铜马车
中国考古史上发现最早、体形最大、保存最完整的青铜车马。

十二铜人
秦始皇为控制兵器、防止六国旧部造反，收集天下兵器所铸。

秦剑
柳叶状剑身，又细又长又尖，锋利坚韧。

半两钱
秦始皇时期国内流通的主要货币，重12铢（即半两）。

跪射俑
出土于秦始皇陵兵马俑坑，被称为兵马俑中的精华之作。

徭役
人们稍有触犯法律，就要被处徭役之刑。

里耶秦
记录了秦代生活的令和文书。

《吕氏春秋》
吕不韦主持编撰的杂家巨著，
于秦始皇统一中国前夕成书。

陈胜、吴广起义

秦长城
长城用来抵御北方少数民
族的入侵。

求仙船
秦始皇求长生不老心切，设有
专门的船队去东海寻找仙药。

大兴安岭

东胡

夫余

高句丽

长白山脉

匈奴

阴山山脉

贺兰山

黄河

河

渤海

黄海

东海

秦始皇
秦始皇把中国推向大一统时代，奠定
中国两千余年政治制度基本格局。

秦

长江

江水

琅琊刻石
刊刻于秦代的摩崖石刻，记
述了秦始皇统一天下的功绩。

灵渠
灵渠流向自东向西，
建成后加速了南方的统一。

弛道
弛道是中国历史上最早的
"国道"，始于秦朝。

钓鱼岛

赤尾屿

南海

南海

秦

南海

南海

一升量天下
——商鞅方升

"方升，让一个国家开始拥有天下的度量。"

商鞅方升的外形平正垂直，器壁及底部均刻铭文，左壁刻："十八年，齐遴（率）卿大夫众来聘，冬十二月乙酉，大良造鞅爰积十六尊（寸）五分尊（寸）壹为升。"器壁与柄相对的一面刻"重泉"二字。底部刻秦始皇二十六年诏书："廿六年，皇帝尽并兼天下诸侯，黔首大安，立号为皇帝。乃诏丞相状（隗状）、绾（王绾）；法度量则不壹歉疑者，皆明壹之。"右壁刻"临"字。

商鞅方升是文史界的重量级文物，是中国度量衡史上不可不提的标志性器物，是战国至秦汉时期的容量、长度单位量值赖以比较的标准。秦统一六国后，以商鞅所造量器为标准器具，此器是研究秦国量制的重要资料。

从秦孝公到统一六国，商鞅方升前后经历了120多

年的实际使用时间。商鞅虽因变法得罪贵族而惨死，但其开创的一系列制度却被承袭下来。商鞅方升见证了秦国走向强大的历史，在秦始皇统一六国之后，又随着秦始皇的法令推广至天下，直到今天北方的农村地区还存在着与商鞅方升一样大小的木质方升。

文物档案

名称： 商鞅方升

年代： 秦代

材质： 青铜

规格： 长18.7厘米

内口长12.5厘米

宽7厘米

高2.3厘米

容积202.15立方厘米

出土地： 陕西蒲城

收藏地： 上海博物馆

秦国兴起

商鞅变法使秦国的国力大增，为以后秦国统一全国奠定了基础。

阏与之战

公元前 270 年，秦国攻赵，包围了赵国的重镇阏与。赵将赵奢率军救援，使出奇谋，终于打赢了一场原本很难取胜的战争。

伊阙之战

公元前 293 年，韩、魏两军联合攻秦，秦将白起率秦军在伊阙（今河南洛阳），全歼韩魏联军 24 万人，掳韩魏联军统帅——魏将犀武。

奇货可居

吕不韦到邯郸去做生意，见到秦国王孙异人后大喜，说："异人就像一件奇货，可以囤积居奇，以待高价售出。"

周朝灭亡

公元前 256 年，秦国攻入洛邑，西周公投降，周赧王病逝，周朝灭亡。

虽然秦孝公去世后
商鞅很快被旧贵族杀死
但是变法的主张却流传了下来

一字千金

吕不韦把《吕氏春秋》的文章挂在咸阳城门，遍请各国游士指正，若有人能增删一字就奖励千金，但终无一人能做到。

平定叛乱

在秦王政举行冠礼时，嫪毐盗用秦王御玺及太后玺调动士兵，准备进攻蕲年宫，发动叛乱。秦王政知道后，命令相国、昌平君、昌文君发兵攻打嫪毐，很快平定了叛乱。

谏逐客书

公元前237年，秦王政听从宗室大臣的进言，下令驱逐六国宾客。李斯给秦王上书，劝秦王不要逐客，这就是有名的《谏逐客书》。

远交近攻

远交近攻是秦国采取的一种外交战争策略，即联络距离远的国家一起夹攻距离近的国家。

秦国拥有当时世界上最开放的胸怀
不论出身和背景
只要你有能力就会得到重用

修建阿房宫

阿房宫被誉为"天下第一宫"，是秦始皇统一中国后在都城咸阳修建的新朝宫。

秦代有大量奴隶。这些奴隶，一部分是战争中的俘虏，被充作奴隶；一部分是触犯法律的百姓，被罚为奴隶。

秦始皇在位期间，大兴土木消耗了无数的财物，朝廷对人民的压迫和剥削极为严重，激起了人民的反抗。

秦代建筑，屋顶宽大，屋坡有折线但曲度不大，屋檐角没有翘起，看上去十分刚健质朴。

秦始皇时期的刑罚非常苛刻，人们稍有不慎便会触犯法律，并且实行"一家犯法，什伍连坐"的刑罚政策。

秦始皇统一中国后，开始大肆修建驰道、长城、宫殿、陵墓等，耗费大量人力、物力。

秦代的军权高度集中，军队的指挥和管理制度、兵役制度也较为完善，说明秦王朝时期的中国封建社会军事制度已经基本成型。

帝国勇士

——秦始皇兵马俑

"始皇帝的军队沉睡在地下宫殿中，帝国的时间仍在行走。"

公元前221年，38岁的秦王嬴政指挥军队完成了统一中国的伟大功业，随后这支强大的军队北伐匈奴、南征百越，为他守护帝国疆土。当所有的敌人都被消灭后，这支军队的最高统帅——始皇帝将欲望和野心伸向了时空之外。他下令扩大自己陵墓的规格，并试图让这支统一天下的军队跟随自己一同前往永生之境，于是兵马俑就这样诞生了。

秦始皇兵马俑目前共发现了三个坑。一号坑出土近8000件兵马俑，四面有斜坡门道，这个坑是战车和步兵组成的联合编队；二号坑是由骑兵、战车和步兵组成的多兵种特殊编队，出土陶俑、陶马1300多件；三号坑共出土兵马俑72件，从其内部布局和出土人俑的形象来看，应为地下军队的指挥部。考

古发现，一号俑坑和二号俑坑都被火焚烧过，三号坑没被火焚烧过。

兵马俑按官阶品级主要分为士兵与军吏两大类，军吏又有低级、中级、高级之别。一般士兵不戴冠，而军吏戴冠，普通军吏的冠与将军的冠又不相同，铠甲也有区别。按兵种可以分为步兵、骑兵、车兵三类，根据实战需要，不同兵种的武士装备各异。兵马俑的人物形象几乎没有重复的，可以断定这些陶俑都是根据真实的人物形象来创作的。

文物档案

名称：秦始皇兵马俑
年代：秦代
材质：陶
规格：规格不一
出土地：陕西西安
收藏地：秦始皇兵马俑
　　　　　博物馆

统一六国

秦国统一六国的军队势不可挡。

小篆（zhuàn）

秦始皇统一六国后，丞相李斯负责创制了"小篆"，并将之作为全国标准来统一文字的使用。

连横合纵

公孙衍和苏秦曾经联合六国携手攻秦，六国分处南北，南北为纵，故称为合纵。后秦国通过结交与离间的手段，逐渐瓦解六国联盟，秦在西边，六国在东边，东西为横，故称为连横。

长平之战

秦、赵两国在长平的一场决战，使得赵国元气大伤，加速了秦国统一六国的进程。

秦长城

秦朝大规模修筑北方的长城，以此来守卫国境，防止匈奴的侵袭。

中央集权是秦国获得统一实力的
最重要原因
土地、人口、税收和爵位
都掌握在君主手中

荆轲刺秦王

荆轲以进献燕国舆地图之名刺杀秦王，试图改变燕国被灭的结局，但最终失败。

统一六国

秦王嬴政自公元前 230 年至前 221 年十年间，陆续消灭了韩、赵、魏、楚、燕、齐六大诸侯国，统一了全国，并采用"皇帝"的称号。他是中国历史上第一个使用"皇帝"称号的君主，所以世称"秦始皇"。

封禅大典

统一六国后，为了炫耀自己的功绩，秦始皇亲自到泰山举行封禅大典，以祭告天地。

"皇帝"制度

秦始皇统一全国后，建立了中国历史上第一个统一的多民族的封建国家，创立了大一统的中央集权制度，对后世制度影响深远。

秦国并没有
楚国的辽阔和齐国的富庶
但是却拥有一台
令行禁止的国家机器

不朽战车

——秦始皇陵铜车马

"皇帝的野心让世界看到大秦制造的高超技艺。"

1980年12月，考古工作者在秦始皇陵封土西侧20米、距现地表7.8米深的地下发掘出了两乘大型彩绘铜车马。两乘铜车马一前一后放置在一个木椁内，因木椁腐朽，上部的填土塌陷，铜车马出土时均已被压碎，但由于未被盗扰，原位没有大的变动，车马的构件基本齐全。考古学家们花了8年时间，才先后将两架马车修复完成。

秦始皇陵铜车马是中国考古史上发现最早、体形最大、保存最完整的青铜车马，是考古所见的最大的组合型青铜器。一号车车前驾四匹铜马，车舆平面呈横长方形，前边两角呈弧形，舆宽74厘米，进深48.5厘米。车舆内竖立着一把高杠铜伞，伞下有一立姿御官俑，车上配有铜弩、铜盾、铜箭镞等兵器。

一号车是秦始皇乘舆中的立车，又名高车。东汉文学家蔡邕（yōng）在《独断》中曾记载过，立车在皇帝车队中有着开道、警卫和征伐的作用。二号车是单辕双轮，车厢为前后两室，中间有窗，上车的门在后面，上方是椭圆形车盖，车身绘着彩色纹样，车马均有大量金银装饰。车的辔（pèi）绳末端刻有"安车第一"四个字，古代安车是指坐乘的马车，由此可知它是给秦始皇乘坐的马车。

大一统

秦始皇开创了华夏族真正意义上的大一统。

车同轨，书同文

秦始皇统一全国后，规定车辆两轮之间的距离相同，全国使用同一种文字，同时还统一了度量衡的标准。

秦代高速公路

秦始皇统一全国后，下令修筑以咸阳为中心、通往全国各地的驰道。驰道可以说是当时的高速公路。

秦始皇陵

秦始皇陵是中国历史上第一位皇帝秦始皇嬴政的陵寝，规模巨大的兵马俑是秦始皇陵的陪葬坑。

南征北战

秦始皇北击匈奴、南征百越，建立起真正的大一统王朝。

虽然在政治和军事上
秦国已经统一了天下
但是在文化层面的统一
还停留在理想化的层面

郡县制取代分封制

秦始皇统一全国后，下令在全国施行郡县制，将全国划分为 36 个郡，后来增加到 48 个郡。

三公九卿

三公九卿是秦汉中央官制。"三公"指丞相、太尉、御史大夫。"九卿"是三公之下的政务官员，实际不止九位，故称列卿。

重农抑商

为了保证中央集权和统一战争的顺利进行，秦国重视农业，以农为本，限制工商业，以此来确保国库粮仓充盈。

控制盐铁

秦政府将盐铁的生产销售权授予行政官僚垄断经营，从而进一步增加了国家经济收益。

刚猛严苛的法家思想
帮助秦国征服六国
但是对于东方的治理来说
显然水土不服

县城里的那些事
——里耶秦简

"37000多枚竹木简牍，让大秦帝国穿越时空来到世人面前。"

2002年，里耶古城1号井中出土的37000多枚秦简，让一个真实的秦朝穿越时空来到了世人面前。里耶秦简是秦洞庭郡迁陵县的官方档案，它包括户口、土地开垦、物产、田租赋税、劳役徭役、仓储钱粮、兵甲物资、道路里程、邮驿津渡管理、奴隶买卖、刑徒管理、祭祀先农以及教育、医药等相关政令和文书。

秦简中有迁陵县衙的罚款单据，犯人需向官府缴纳一块盾牌或是一副铠甲以免于罪责；有被县长驳回的启陵乡乡长保举信；有我国最早、最完整的乘法口诀表。我们在秦简中发现：奴隶买卖活动仍然在延续；迁陵县县长因办事不力在到任一年后被替换；很多北方来的移民来到湘西与当地土著结合；而迁陵县的武器

库里还储存着相当数量的弩箭，随时准备镇压帝国的反叛者。从现代角度来看，这份档案可以说是一部秦代社会生活的纪录片。

这批埋藏了2000多年的秦代简牍，纪年从秦王政二十五年至秦二世元年，记事详细到月、日，十几年连续不断。而在此之前，中国古代正史中关于秦朝的记录不足千字。可以说，里耶秦简是继兵马俑以后秦代考古的又一重大发现，蕴涵着极大的学术价值。

打天下易，坐天下难

征服并不能完成真正的统一。

阿房宫

阿房宫与长城、秦始皇陵、秦直道合称为"秦始皇的四大工程"，是秦始皇时期建造的朝宫。由于秦祚太短，只修成了前殿。

移民南越

秦始皇打败百越后，迁移了大量中原人充实岭南，并设置了桂林、象郡、南海三个郡。

十二铜人

为控制兵器，防止六国旧部造反，秦始皇下令收集天下所有兵器，并将之铸成十二个大铜人像。

张良刺秦

韩国灭亡后，韩国贵族张良计划行刺秦始皇以报亡国破家之仇，行刺失败后，他成功逃过秦始皇"大索天下"的追捕。

频繁地大兴土木
让秦国的生产力遭到极大破坏
民众苦不堪言

焚书坑儒

秦始皇时期，儒生引用儒家经典的言论批评时政，秦始皇下令焚毁诸子之书，坑杀方士和儒生。

指鹿为马

奸臣赵高让人牵来鹿，对秦二世说它是马。秦二世看见的是鹿，却有大臣为附庸赵高，说是马。

沙丘之变

秦始皇最后一次出巡时，在沙丘宫暴病而亡，赵高与李斯勾结伪造诏书，赐死公子扶苏，拥立胡亥继位。

大楚兴，陈胜王

戍卒屯长陈胜、吴广带领戍卒队伍行军途中，因遇大雨，不能按期到达。按照秦律，戍守误期要被处死，为保性命，二人带领戍卒们造反。

皇帝通过武力征服天下
而那些严酷的法令
却让臣服变成了怨恨

秦代历史大事记

公元前 221—前 207 年

| 公元前 221 年 | 公元前 220 年 | 公元前 219 年 | 公元前 214 年 |

秦始皇统一中国

秦王嬴政自公元前 230 年至前 221 年十年间，陆续消灭了韩、赵、魏、楚、燕、齐六大诸侯国，统一了全国，并采用"皇帝"的称号。他是中国历史上第一个使用"皇帝"称号的君主，所以世称"秦始皇"。

修筑驰道

秦始皇统一全国后，下令修筑以咸阳为中心、通往全国各地的驰道。驰道可以说是当时的高速公路。

封禅大典

统一天下后，为了炫耀自己的功绩，秦始皇亲自到泰山举行封禅大典，以祭告天地。

修筑长城

秦始皇统一中国后，大规模修筑北方的长城，以防匈奴南侵，耗时耗力巨大。

| 公元前 213 年 | 公元前 210 年 | 公元前 209 年 | 公元前 207 年 |

焚书坑儒

秦始皇时期，儒生引用儒家经典的言论批评时政，秦始皇下令焚毁儒家经典，坑杀儒士。

沙丘之变

秦始皇在沙丘宫暴病而亡，赵高与李斯勾结杀害公子扶苏，拥立胡亥继位。

大楚兴，陈胜王

戍卒屯长陈胜、吴广带领戍卒队伍行军途中，因遇大雨，不能按期到达。按照秦律，戍守误期要被处死，为保性命，二人带领戍卒们造反。

咸阳城破

城破后，秦二世被逼自杀，继立的子婴贬去帝号改称秦王，向刘邦投降。刘邦攻占咸阳，秦亡。

西汉时期地图

丝绸之路
汉武帝派张骞出使西域, 开辟的以都城长安为起点, 经甘肃、新疆等地的陆上通道.

《淮南子》
西汉淮南王刘安主持编撰, 在道家思想的基础上, 综合诸子百家的精华.

谷物加工
劳动人民发明工具来提高劳动生产率.

明堂
汉武帝时期所置, 是西汉的重要祭祀场所.

角形玉杯
西汉角形玉杯, 于1983年在广州市南越王墓出土.

"T"形帛画
整幅帛画绘制在一张褐色的丝绢上, 描绘了天国、人间、地下等三个世界.

指南车
中国古代用来指示方向的一种装置, 与指南针有所不同.

司马迁
西汉著名史学家、文学家, 著有《史记》.

漆器

铜镜

丝织业

汉代丝织品有纱、绢、缣、锦等名目.

滑轮纺纱

奴

大兴安岭

夫余

长白山

高句丽

沃沮

打渔

长信宫灯

西汉青铜器, 因曾放置于窦太后的长信宫内而得名.

阴山山脉

贺兰山

黄河

河水

汉

渤海

韩海

黄海

东

采桑

采桑、养猪等是普通百姓的家庭副业.

五铢钱

西汉时期流通的主要货币之一.

乌江自刎

项羽、刘邦之战, 项羽战败, 于乌江自刎.

长江

江水

江

东海

南海

汉武帝

西汉第七位皇帝, 在位期间加强中央集权, 独尊儒术, 改革币制, 首开丝路, 开疆拓土.

罗星岛

忘尾屿

西汉

南海

(涨海)

南海

南海

(涨海)

南海

福佑南疆
——角形玉杯

"生者佩玉，以比其德；亡者殓玉，以慰其灵。"

角形玉杯，出土自南越王墓。用一整块青玉雕刻而成，整体仿犀牛角的形状，中空，可以盛酒。口呈椭圆形，口沿上微残，往下渐收束，近底处为卷索形，回缠于器身下部。其纹饰十分精美，自口沿处起为一立姿夔龙向后展开，龙体修长，环绕杯身。夔龙的雕刻手法十分精美，由浅浮雕至高浮雕，及底成为圆雕，而且在浮雕的纹饰中，还用单线的勾连雷纹作填空补白。

这件玉杯无法站立，在饮酒的时候要拿起酒杯，从杯口一饮而尽，同普通酒杯的使用方法相同，也反映了西汉时期南越国嗜好饮酒的风俗。

南越王墓发现于1983年，是第二代南越王赵眜（mèi）的墓葬。第一代南越王赵佗在岭南地区建立政

权，此后一直与西汉保持密切联系，最终在汉武帝时期灭亡。史籍中关于南越国的记载很少，南越王墓的发现对了解南越国的历史和社会具有重要作用，其价值可与河北满城中山靖王墓和长沙马王堆汉墓相提并论，在全国汉墓考古工作中占有重要地位。

文物档案

名称： 角形玉杯
年代： 西汉
材质： 玉
规格： 高18.4厘米
口径5.9~6.7厘米
口缘厚0.2厘米
重372.7克
出土地： 广东广州
收藏地： 西汉南越王博物馆

楚汉之争

秦亡后，天下英豪逐鹿中原。

斩蛇起义

刘邦借斩白蛇的故事说明身份，作为自己起义的噱头，使得起义名正言顺，众望所归。

胯下之辱

韩信被街上的人取笑侮辱，其中一个屠夫让韩信要么杀了他，要么从他胯下钻过，韩信忍一时之辱选择了后者。

高阳酒徒

刘邦一向不喜欢儒生，但是对儒生郦食其却非常尊重。郦食其自称"高阳酒徒"，跟随刘邦南征北战，立下了汗马功劳。

约法三章

刘邦占领咸阳后，为取得民心，与秦人约法三章，最终取得天下，建立了西汉王朝。

打败楚的并非汉的军队
而是那些因为项羽的刚愎自用
而离去的人心

楚汉之争

楚王项羽与汉王刘邦为争夺帝位，激战数年，史称"楚汉之争"。

鸿门宴

灭秦之后，项羽打算利用鸿门宴的机会除掉刘邦，但是最终却因"心软"，让刘邦逃走。

明修栈道，暗度陈仓

刘邦表面上与项羽示弱谈和，暗地却发展势力，以求争得天下。

霸王别姬

项羽刚愎自用、不听劝谏，最终被刘邦打败，在乌江边与宠姬诀别后自刎。

汉朝是在各方政治势力
均衡的基础上建立的
虽然天下迅速统一
但却留下很多的隐患

封狼居胥冠军侯
——霍去病墓石刻

"直曲塞，广河南，破祁连，通西国，靡北胡。"

霍去病墓底部长 105 米，宽 73 米，顶部长 15 米，宽 18 米，高约 25 米。霍去病墓是现存最早的有石雕的墓葬。墓上广植林木，其间布设多种人兽石雕，再现了野兽出没、刀光剑影的祁连山真实意境，开创了以墓像山的墓丘封土新形式。

墓前石刻原有总数已不可考，现存共 16 件。可辨认的石像有 14 件，其中 3 件各雕两形，总共有生物 17 种，不同物像 12 种，即怪人、怪兽吃羊、卧牛、人抱兽、卧猪、跃马、马踏匈奴、卧马、卧虎、短口鱼、长口鱼、獭蝠等。另有题铭刻石 2 件，还有更多的岩块是未加雕凿的。这些竖石分别安放于坟冢前面，丛立于坟冢之上，石雕、竖石、坟冢、草木等组成了一个艺术综合体。

霍去病是西汉名将卫青

的侄子，但是没有人会说他是坐享其成的官二代。18岁时，霍去病便率兵深入大漠，两次功冠全军，被封为冠军侯。19岁时升任骠骑将军，指挥两次河西之战，直取祁连山，使得丝绸之路得以开辟。22岁时，与卫青率军深入漠北，追击匈奴，使"匈奴远遁，漠南无王庭"。然而天妒英才，24岁时，霍去病病逝沙场。霍去病的故事如流星般划过大汉的天空，但却永久留在了中国历史中。

文物档案

名称：霍去病墓石刻
年代：西汉
材质：石
规格：规格不一
出土地：陕西兴平
收藏地：茂陵博物馆

大汉基业

汉朝刚建立的时候并不是很强大。

成也萧何，败也萧何

韩信因萧何推荐当上汉朝大将军，后来萧何又与吕后合计杀死韩信，后人称之为"成也萧何，败也萧何"。

白登之围

刘邦被匈奴围困于白登山 7 天 7 夜，向冒顿单于的阏氏行贿才得以脱险。此后，刘邦认识到不能仅凭武力手段解决问题。

白马之盟

刘邦登基后与群臣以杀白马的方式订立盟约，约定今后只有刘姓者可为王，否则天下共伐之。

平定异姓王

汉朝建立后，地方诸侯手握重兵、尾大不掉。为了真正统一天下，汉高祖和吕后翦灭了这些异姓王。

汉代开国之初
外有匈奴患边，内有诸侯林立
刘邦交给后人的江山
并没有人们想象的那样美好

病榻问相

相国萧何临终之际，汉惠帝刘盈
去问他，死后谁可接其位，萧何推荐
曹参接替自己的位置。曹参完全遵照
萧何的制度行事。

封赏大臣

刘邦称帝后，封赏功臣 140 多位，
帐下将领因为军功都得到了厚待，封
王拜侯，赐予土地。

诸吕之乱

汉惠帝刘盈优柔寡断，吕后渐渐
把持朝纲，培植了一大批吕姓势力，
最后吕氏集团被剿灭。

郡国并行制

西汉初年，在地方上继承秦朝的
郡县制，同时又分封诸侯王国，郡国
两制并行。

郡县和诸侯国之间的制衡
是朝廷与地方势力角逐的主战场
强大的诸侯很容易威胁皇室

打开天外之门

——四神纹玉雕铺首

"天之四灵，以镇四方。"

四神纹玉雕铺首，灰绿色，下有凸钮，四角略弧圆，分别碾琢了青龙、白虎、朱雀、玄武四神像。器物下方以环钮为鼻梁，上连粗眉和暴起双眼，形成大兽面，下缘则以8条竖纹勾勒出宽大的排牙。图案化的形象庄严凝重，工艺精美，线条运用刚柔相济。

四神的形象反映了古代四象思想，四象不仅代表了天文学的四大区域，同时还在阴阳五行学说中代表了四大方位，以及四大元素。五行中，青龙属木，白虎属金，朱雀属火，玄武属水，分别代表东、西、南、北四个方向。这四象同时还分别代表了春、

秋、夏、冬四个季节。

　　四神纹玉雕铺首现藏于茂陵博物馆，出土于汉武帝茂陵，是汉代蓝田玉雕中最精美的一件。"铺首"是中国古代装置门环的兽首底座，大部分为金属质地。玉铺首是汉代才出现的新型玉器，

十分罕见。按照铺首的用途来说，应该是一对，但是目前考古学家们只发现了其中的一件。

文景之治

汉代出现了中国历史上的盛世。

厉行节约

"厉行节约"是西汉"文景之治"的一个重要措施。皇帝带头提倡节俭，粗食布衣，严禁浪费，避免奢侈。

轻徭薄赋，与民休息

汉高祖及其后的汉文帝、汉景帝等，吸取秦灭国的教训，采取了"轻徭薄赋""与民休息"的政策，促进了社会的发展。

无为而治

汉文帝刘恒受道家思想影响，采取无为而治的方式治国，使百姓受益无穷，也使西汉王朝逐渐走向强盛。

文景之治

汉文帝、汉景帝时期，国家推行了一系列政治举措，有效改善了国家的整体局面，营造了政治清明的局面。

匈奴患边

汉文帝在位期间，为了谋求安定的和平环境，对匈奴一直采取克制忍让的态度，继续执行和亲政策，避免大动干戈。

收服南越

汉文帝遣陆贾再次出使南越。在汉文帝诚意的感召下，南越王赵佗谢罪称臣，归附汉王朝。

和亲政策

匈奴势力强大，西汉因武力不够强盛而采取送公主去匈奴和亲的怀柔政策。

七国之乱

汉景帝接受晁错的主张，削弱诸侯国的势力，引起众诸侯王不满而联手发动叛乱。

文景之治最重要的任务
就是恢复自战国以来
不断凋敝的民生
人民需要安宁
国家需要积蓄力量

长信宫夜宴
——长信宫灯

"看见这盏灯，就能看见被它照亮的时代。"

长信宫灯，出土于河北省满城县中山靖王刘胜妻子窦绾（wǎn）墓。整体造型是一个跪坐着的宫女双手执灯，由头部、身躯、右臂、灯座、灯盘和灯罩六部分分铸后组装而成。宫女身体中空，头部和右臂可以拆卸。

灯罩由两块弧形的瓦状铜板合拢后为圆形，嵌于灯盘的槽中，通过铜板的左右开合，可以调节灯光亮度和照射方向。长信宫灯的设计非常具有环保理念，油灯燃烧时油烟会顺着灯罩进入灯体，这样一来，主人的房间里就不会有呛人的油烟味了。灯上刻有"长信尚浴""阳信家"等铭文，所以得名。

长信宫灯通体鎏金，灿烂而华丽，其铜器上的鎏金工艺在战国时期已出现。铜器经过鎏金处理后，表面金碧辉煌，而且对于铜器的保

护也起着非常重要的作用。

　　长信宫灯实用、卫生、精巧、优美，是一件世界闻名的文物珍品。2010 年作为中国 2010 年上海世界博览会展品展出，现藏于河北博物院。

文物档案

名称：长信宫灯
年代：西汉
材质：铜
规格：通高 48 厘米
　　　　重 15.85 千克
出土地：河北满城
收藏地：河北博物院

汉武大帝

汉武帝时期被认为是汉代历史的巅峰。

推恩令

汉武帝下令诸侯王可以将封地分封给其他诸子为列侯，使诸侯国越分越小，以限制和削弱诸侯的权力。

封狼居胥

西汉大将霍去病大败匈奴后，登狼居胥山筑坛祭天以告成功之事。它成为了历代兵家人生的最高追求。

李广难封

名将李广一生屡经磨难，战功卓越却未能封爵。后世用以慨叹功高不爵，命运多舛。

张骞通西域

汉武帝派遣张骞出使西域，打通了汉朝通往西域的道路，张骞也因此被封为博望侯。

羽林军

为了培植自己的势力，汉武帝建立了一支皇帝禁卫军——羽林军。这一举措，一直被历代王朝保留。

巫蛊之祸

汉武帝晚年迷信长生不老之术，引发了一场政治动乱，导致太子自杀，大量官员受牵连，国力由盛转衰。

安定东南

汉武帝时期，闽越人起兵攻打郡县，骚扰百姓，汉朝无法平定，只能将百姓迁徙至江淮之间。

《轮台罪己诏》

汉武帝多年穷兵黩武，导致国家战乱不止，百姓处于水深火热之中。他晚年反思己过，下诏书《轮台诏》，又称《轮台罪己诏》。

汉武帝十分会敛财
他制定了新式的税收政策
甚至通过卖官卖爵
来获得军费开支

大汉骑兵受降图

汉代以来，一直受到匈奴的威胁，汉武帝在位期间，派遣卫青、霍去病等大将反击匈奴。

为抵御匈奴骚扰，西汉改革了边防军的轮换制度，大力提倡养马，有效增强了边防实力。

汉武帝即位后，国家经济实力雄厚，开始对匈奴进行反击，从此拉开了西汉对匈奴发动大规模战争的序幕。

匈奴经常侵扰西汉北部边境，主要在战争中掠夺奴隶、战马等供自己使用。

在西汉对匈奴的战争中，贡献最大的是卫青、霍去病等将领，多次取得胜利，歼敌数万人。

汉军追杀匈奴至狼居胥山，举行了祭天封礼，兵锋一直逼至瀚海（贝加尔湖），匈奴势力大为衰退。

汉朝派张骞出使西域，联络西域各国压缩匈奴的空间，并在阴山长城以北修建汉长城，沿线构筑军事防御设施。

虽然西汉和匈奴间经常发生战争，但汉匈两族人民却保持着友好往来，汉族的先进技术也逐渐传入匈奴。

一个人也要好好吃饭

——彩绘猫纹漆盘

"汉代人生活中的小确幸。"

彩绘猫纹漆盘，用黑漆和朱漆在盘底和内壁勾勒出繁复精美的云纹，细看你会发现云纹中还藏着三只狸猫和一只乌龟。狸猫的眼睛圆睁，四爪潜伏，长长的尾巴向上翘着，看上去活泼而又生动；乌龟昂首匍匐，四爪外露，像是正在爬行。盘子的口沿处用朱漆描绘了几何图案，盘内底部的云纹间隙处书写着"君幸食"三个字，大约是"吃得开心"的意思。

彩绘猫纹漆盘出土于长沙马王堆汉墓的辛追夫人墓。辛追夫人是长沙马王堆出土的"东方第一睡美人"，她命运坎坷，疾病缠身，但是通过这个彩绘猫纹漆盘，我们可以看到她积极乐观的生活态度。

乌龟代表长寿，一直被看作吉祥的象征。我国最早的驯狸捕鼠的记载见于春秋

战国时期，驯化的狸被称为"狸猫"，狸便成为民间普遍的家养动物。

狸猫和乌龟这两种动物在汉代以前出土的器具上并不多见，可见汉代人对生活有着自己独到的理解。也许他们认为生活需要更加轻松惬意一点，所以青铜器为高雅的汉代贵族所冷落，用起来更为自在舒适的漆器成为了贵族生活的风尚。

制度改革

汉武帝时期，国家直接经营工商业。

币制改革

西汉以来币制混乱，为加强朝廷对社会经济的控制，汉武帝把铸币权收归中央，统一铸造五铢钱。

罢黜百家，独尊儒术

汉武帝时期，名臣董仲舒建议官方独尊儒家思想，读书人只有学习儒家学术才能当官，有利于国家政治思想统一。

刺史制度

西汉中期，朝廷设立刺史制度，监察地方二千石高官和地方豪强，年底回京向皇帝报告官僚豪强的动向，加强中央集权。

均输平准政策

西汉规定将一般贡品折成当地价廉的物产，运到价高地销售；同时利用所存物资，根据物价，贵时抛售，贱时收买。

重农抑商的实质
并不是要抑制商业发展
而是通过**国家形式**
来**掌控国家商贸**

察举制度

汉武帝时，由各郡国每年向朝廷推举有道德、有才能的人，经过考察，授予官职，考察最重要的方面是孝与廉，因而又称举孝廉。

乐府

乐府是成立于汉武帝时期的音乐机构，用来训练乐工，制定乐谱和采集歌词，其中还有大量民歌。

太学

汉武帝在京师长安设立太学，由博士教授，初设五经博士专门讲授儒家经典。

告缗令

西汉实行"重农抑商"的政策，对商人征以重税，如有人告发偷税漏税的情况，则将偷税漏税金额的一半奖励给告发人。

汉武帝非常重视
人才的发掘和培养
卫青、霍去病、桑弘羊等一批人才
得到重用

西汉太学

西汉早期，黄老之学盛行，汉武帝"罢黜百家，独尊儒术"之后，在长安建立全国最高学府——太学。

自从官方教育机构设立之后，人们整体的礼乐文化素养逐步提高。

汉代的礼仪包括立容、坐容、行礼、迎宾和宴请等多方面，一般用于祭祀或非常庄重的场合。

西汉初期，吸取秦代灭亡的教训，先用道家思想"无为而治"来治国。

"今古文经之争"是儒家思想碰撞的产物，说明西汉儒学知识分子的学术气息十分浓厚。

西汉在史学、文学和艺术等方面着卓越的成就，包括司马迁撰写的《史记》 汉赋和乐府诗等。

海上有仙山
——错金博山炉

"人类从未停止过对永恒的探寻与追求。"

博山炉出现于西汉时期，由青铜铸造。汉代贵族聚会休闲时有燃香的习惯，于是能工巧匠们将技术和想象以及思想融入了这件器物之中。香炉底座的纹样，看上去像是有三条蛟龙腾出波涛翻滚的海面，龙头托住炉盘上随风飘荡的流云。炉盖和炉盘上部都铸有铭文"博山"，炉盖上的山峦间有许多神兽出没，山间还有许多猎人，他们有的肩负弓弩，有的正在追捕逃窜的野猪。

这件错金博山炉源自人们对"海上有仙山"的想象，同时也是贵族们对理想

生活的一种现实构想。特别是点燃熏香之时，袅袅青烟从山形的炉盖中缓缓升起，使整个香炉看上去既像一座烟波浩渺的海中仙山，又像一个微缩版的富饶田庄。工匠们将理想与现实在这方寸之间尽情展示，以获取贵族的青睐。

错金博山炉出土于西汉中山靖王刘胜墓，这位风流不羁的快活王爷在当时似乎风评不佳，但是他留下的这件艺术珍品却让现代人得以见识汉代人生活的风度。

昭宣中兴

汉宣帝时期是汉朝最强大的时期。

屯田西域

因边境压力，汉昭帝启动"轮台屯田"政策，主要为了解决汉朝军队和官吏的生活所需，减轻中央政府的财政负担。

盐铁之议

汉昭帝时，霍光组织了盐铁之议，他坚持进一步推行汉武帝制定的"与民休息"政策，持不同意见的桑弘羊则在政治上受到一定的挫折。

霍光辅政

汉昭帝、宣帝时期，霍光辅佐朝政，对内养民生息，对外缓和边境关系，使汉朝国力得到一定恢复。

西域都护府

汉朝在西域设立了行政管理机构——西域都护府，将西域正式纳入汉朝的版图，使得西域各地的交流日益增多。

大破西羌

汉武帝后期，西羌经常侵扰内地，攻城掠地。汉宣帝时，赵充国领兵大破西羌。

民间婚宴

汉宣帝之前，婚礼是不举乐的。汉宣帝下诏宣布嫁娶举乐，后来出现了闹新婚的习俗。

为老百姓改名的皇帝

汉宣帝原名"刘病已"，为让百姓避讳更容易，他改名为"刘询"，之前因触讳而犯罪的人全部赦免。

昭君出塞

汉元帝为安抚匈奴下令和亲，宫中女子们都不愿意去，最终汉元帝选中宫女王昭君完成和亲，史称"昭君出塞"。

汉宣帝生长于民间
所以十分重视百姓疾苦
他在位期间
汉朝的国力迎来了顶峰

西域集市图

汉武帝派遣张骞出使西域，促进了中原与西域诸国的联系和交往。

汉代人把今天甘肃阳关、玉门关以西，也就是新疆和更远的广大地区称作西域。

除经济贸易发展外，汉代与西域的文化交流也日益频繁。

汉武帝因战争需要派遣张骞出使西域各国，凿通了中原地区与西域各国交流往来的道路。

中原地区与西域往来交流后，促进了商业的繁荣与经济贸易的频繁。

西域的骆驼商队经常运输奇珍异宝到中原销售。

中原的丝绸、瓷器等物品是西域各国人民眼中的珍宝。

汉代服装秀
——素纱襌（dān）衣

"49 克蚕丝里的大汉之美。"

长沙马王堆一号汉墓出土的素纱襌衣，由上衣和下裳两部分构成。衣服形制为：交领、右衽（rèn）、直裾。这件纱衣，仅重49克。很多现代的丝织高手试图用现代技术来复原这件素纱襌衣，但是始终无法做到跟这件衣服一样轻。素纱襌衣使用的蚕丝非常细，甚至比现代生产的高等级丝还要细。有专家认为，汉代的蚕比较小，吐出的丝更细，而经过数千年的进化后，现代的蚕太大，吐出的丝也更粗。所以，这也可能是素纱襌衣薄如蚕翼的奥秘所在。

从素纱襌衣放置的位置来看，它一定是墓主人生前的挚爱之物。它轻盈的质地，细腻的手感，以及穿上之后的轻松自在，一定很受当时贵族女性的喜爱。从这件纱衣上，我们似乎看到了

一场审美的革命，当时的人们跟现代人一样，在追逐新鲜和舒适的生活体验。

或许并非是汉代人在审美上突然觉醒，而只是因为考古学家们发现的关于古人私人生活的部分实在是太有限，让我们对一件素纱襌衣就生出无尽的感叹。或许历史与生活其实是一样的，只是我们容易忽略宏大历史背景之下的微观之美。

文物档案

名称：素纱襌衣

年代：西汉

材质：丝

规格：衣长132厘米

通袖长181.5厘米

重49克

出土地：湖南长沙

收藏地：湖南省博物馆

汉室衰微

帝国的崩塌源于对权力的放任。

明犯强汉者，虽远必诛

西汉名将陈汤自荐出使西域，出兵攻城胜利后给汉元帝上书，表明击退北匈奴的功绩。

恩宠大臣到极点

汉哀帝十分恩宠董贤，董贤所穿的衣服，其级别仅次于皇帝，赏赐的金钱数以万计，连董贤仆人都受到汉哀帝赏赐。

飞燕争宠，皇帝绝后

汉成帝的宠妃赵飞燕与赵合德迫害后宫，导致皇帝没有后代，临终只能让侄儿继位。

避灾星，杀丞相

汉成帝因天灾不断，认为灾星降临，责成三公之首的丞相自杀塞责，以谢天下，这位不幸的丞相就是翟方进。

为了限制**权臣**和**外戚**
皇帝开始宠幸没有后代的**宦官**
然而一旦权力无法制衡
王朝转眼就会倾覆

宦官专政

因皇帝过分信任，宦官把持朝政、盘剥百姓、任人唯亲，其亲属党羽占据了各级官职，朝政日趋黑暗。

好赌皇帝汉哀帝

掷骰子是古人饮酒娱乐时爱玩的游戏。汉哀帝是掷骰子的高手，相传他与宾客饮酒时，必须以骰子助兴。

自废武功

汉元帝的老师萧望之想实行改革，被外戚联手逼死。但汉元帝却没有惩治逼死老师的幕后推手，只是进行了口头责问。事后，对外戚宠信如故，无异于自废武功，自断臂膀。

西汉最后一位皇帝

西汉最后一位皇帝汉平帝，9岁即位，权力掌握在太皇太后王政君和大司马王莽手中。后得病而死，年仅14岁。

西汉的中央权力结构并不稳定
皇帝、权臣、外戚、宦官
谁都可能成为权力的"独角兽"

汉风西传
——"五星出东方利中国"织锦

"每当五星汇聚，照耀东方，大汉就将安宁昌盛。"

"五星出东方利中国"织锦，汉代蜀地织锦护臂。该织锦呈圆角长方形，边上用白绢镶边，两个长边上共缝缀有6条白色绢带，其中3条残断。织有8个汉隶文字："五星出东方利中国"。除去文字之外，还用白、赤、黄、绿四色在青地上织出汉式典型的图案：云气纹、鸟兽、辟邪和代表日月的红白圆形纹，方寸不大却内涵丰富。

"五星出东方利中国"这句话出自西汉史学家司马迁的《史记》，意思是散布于天上的五颗星如果集中在东方的天空出现，就将有利于中国。

许多古书上都记载过这种奇观。通过科学家的推算，大约于2040年9月9日，将会再次出现这种罕见的"五星聚会"的天文奇观。

这件织锦护臂被发现于

新疆和田，它可能是戍边将军客死异乡的随葬品，也可能是西域边民获得的朝廷的赏赐。这件文物出土时色彩鲜艳如初，很可能是得益于新疆干燥的自然环境。通过这件绚丽的护臂，我们不难看出汉朝对西域的影响。

文物档案

名称："五星出东方利
中国"织锦

年代：西汉

材质：织锦

规格：长18.5厘米
宽12.5厘米

出土地：新疆和田

收藏地：新疆维吾尔自治区
博物馆

王莽篡汉

汉朝陷入一场权力争夺战。

今古文经之争

汉代人用隶书书写整理的典籍称为"今文",汉以前用小篆书写并流传到汉代的书籍称为"古文"。汉初,儒生大多使用"今文",但有个别儒生坚持用古文传道,于是便有了"今古文经之争"。

王氏(王太后)专权

汉武帝即位之初,其母王太后联合外戚,独揽朝政大权,决定官员的启用,最终其弟武安侯登上丞相之位。

土地兼并成风

西汉时,农耕生产效率低下,自耕农不得已向豪强借贷,因政府放任不管,土地兼并速度非常之快。

限田限奴婢之议

汉哀帝时,为缓和阶级矛盾,大臣建议实行限制私人占有田地和奴婢数量的政策,因遭到外戚的反对最终未能实行。

王莽篡汉

王莽以摄皇帝执政，最终让孺子婴禅位而为真皇帝，改国号新，终因急于改革，治国不当，被农民起义军所杀。

更始皇帝

刘玄起初参与"平林军"起义，后与"绿林军"合并，被拥为"皇帝"，年号为"更始"。

绿林、赤眉起义

王莽当政时，政局动荡，灾荒不断，农民起义相继爆发，其中据守绿林山的被称为"绿林军"，用朱色涂眉的被称为"赤眉军"。

抽签当皇帝

赤眉军首领樊崇为避免成为众矢之的，找了几十位刘氏后裔，抽签决定让谁当皇帝，最后抽中的是放牛郎刘盆子。

中央的权力
仅限于皇室能直接控制的郡县
诸侯国和地方豪强各自为政

爱的誓言
——"长毋相忘"银带钩

"爱在任何时间和地点都一样重要。"

"长毋相忘"银带钩出土于大云山汉墓，钩体为龙首形，钩身错金，图案为流畅的圆涡形云气纹。钩钮底部使用不同金属铸造出3个同心圆，寓意"永结同心"。整器左右可分开，榫卯扣合，凸面阳文，凹面阴文，铭"长毋相忘"四字。据墓中出土的铭文器物考证，墓主淳于氏为江都王第三等级的妃嫔。

带钩，是古代贵族和文人武士所系腰带的挂钩，古又称"犀比"，多用青铜铸造，也有用金、银、铁、玉等材质制成。带钩起源于西周，战国至秦汉广为流行，不仅形式多样，而且多采用包金、贴金、错金银、嵌玉和绿松石等工艺，精雕细琢，多姿多彩。

大云山汉墓位于江苏盱眙（Xūyí）县马坝镇云山村，经过4年的考古发掘和研究

后，初步确定该处为西汉第一代江都王刘非的陵园。刘非是汉景帝的第五个儿子，也是汉武帝同父异母的兄弟。刘非15岁就当了将军，攻打吴军。吴军战败后，他被封王至江都，管理以前的吴国，因战功获得天子赐予的旌旗。

这枚带钩在公历纪元开始前被淳于婴儿带入墓葬，公元后的2009年，我们发现了他们曾互道的誓言——长毋相忘。

文物档案

名称： "长毋相忘"银带钩

年代： 西汉

材质： 银

规格： 长 3.7厘米
高 1.8厘米

出土地： 江苏盱眙

收藏地： 南京博物院

两汉文化

汉代文化开创了中国人的风度。

大汉风韵

汉赋是西汉出现的一种有韵散文，分为骚体赋、大赋、小赋，以贾谊、枚乘、司马相如等人为主要代表。

《史记》

西汉史学家司马迁在受刑后坚持完成了纪传体史书《史记》的撰写。这本中国古代第一部纪传体通史被誉为"史家之绝唱，无韵之离骚"。

《七略》

汉代宗室刘向和刘歆父子编纂的《七略》是中国第一部图书目录分类著作，将当时的皇家藏书整理分类。

《九章律》

汉高祖统一中国后，颁行了法典《九章律》，它源于《法经》，是后世律令之宗。

麻沸散

麻沸散是东汉医学家华佗创制的一种用于外科手术的麻醉药。服用此药能令病人失去知觉，不知人事，不知痛痒。

《黄帝明堂经》

《黄帝明堂经》是中国最早的针灸腧（shù）穴专著，记载了腧穴的名称、部位、主治病症及刺灸法。

中国的文化奠基
实际上发生于秦汉时代
制度、思想、文化、政治
都在这时形成格局

两汉文化将中华文明
带入了一个审美的新纪元
人们对美与义有了
全新的认知

《伤寒杂病论》

东汉著名医学家张仲景总结前人经验，并结合临床实践，写成了《伤寒杂病论》。该书总结了各种疾病的症候，并提出在诊断上要辩证分析病情，然后对症治疗。

《说文解字》

《说文解字》由东汉许慎所撰，内容共 15 卷，以小篆为研究对象，是中国最早的系统分析汉字字形和考究字源的语文辞书。

酒酣宴散后
——错金银云纹青铜犀尊

"一头犀牛，从汉代走来。"

　　错金银云纹青铜犀尊的造型是一头肥硕健壮的犀牛。它目视前方，昂首伫立，头部有一前一后两角，两耳短小耸立，双目为料珠镶嵌，虽小却闪烁有光，神采奕奕，颧骨突起，仿佛可以透过皮肤感觉到骨骼的形状和起伏，口部一侧设有管状流口，用于倒酒。器腹圆鼓中空，腹部皮肉显得松弛但结实有力、富有韧性。背部有椭圆形尊口，上覆素面铜盖，盖有活环，可以开合，用于注酒。犀牛短腿粗壮有力，为三瓣蹄，有力地支撑着沉重的躯体，尾尖稍翘。其骨骼、头部轮廓、肌肉、蹄足比例准确，体态雄健，肌肉发达，酷似真犀。

　　中国古代做成动物形的酒尊不乏其例，如商代铜器中的牛尊、象尊、豕尊等，西周铜器中的驹尊、兔尊、鸭尊等。到了汉代，肖形尊

虽已不太流行，但仍为人们所钟爱。

中国古代犀牛的数量很多。新石器时代遗址中曾多次发现犀牛骨，殷商甲骨文中有焚林猎犀的记载，春秋战国时期用犀牛皮做成的犀甲是令武士艳羡的装备。由于大范围的捕杀，犀牛这种繁殖率低的野生动物在北方迅速减少，在关中一带最迟到西汉晚期已经绝迹。王莽辅政时，曾用贵重的礼物换取南海黄支国的活犀牛。

汉代科技

造纸术

西汉时，造纸术出现；东汉时，蔡伦对造纸原料、工艺流程等方面加以改进。

《周髀算经》

《周髀算经》揭示了日月星辰的运行规律，四季更替和气候变化，为人们的生活提供了方便。

《九章算术》

《九章算术》是一部数学专著，总结了战国、秦、汉时期的数学成就，由张苍、耿寿昌编写。

土炭测湿仪

汉朝初年发明的天平式测湿仪，把土和炭分别放在天平两端，天气干燥了炭变轻，天气潮湿了炭变重。

地动仪

东汉时地震频繁，科学家张衡创造了地动仪。地动仪有八个方位，任何一方如有地震发生，地动仪都能感知。

《太初历》

《太初历》是西汉时实施的历法，它明确了二十四节气，是中国第一部有完整文字记载的历法，原著已失传。

治理黄河

汉武帝时期开始治理黄河水患，利用黄河水系改造灌溉良田，深入开发了河西走廊。

丝织业发达

汉代丝织业相当发达，其代表是马王堆墓出土的素纱襌衣。汉代的丝织品远销地中海地区。

耧（lóu）车

西汉时，赵过发明了耧车。耧车是一种播种机，能同时播种三行，据传一天能播种一顷地。

冶铁进步

汉武帝时期推行盐铁官营制度，铸铁技术也有所发展，使用陶范和铁范批量生产铁器，大大提高了铁器的生产效率。

兴修水利

汉武帝时大规模开凿运河，如漕渠、白渠，不仅改善了中原地区大量农田的灌溉问题，还加快了水上运粮的速度。

区种法

氾胜之把土地划成小块，并使用水肥提高产量。

东汉时期地图

汉瓦当
汉代瓦当，是用以装饰、美化和藏护建筑物檐头的建筑附件。

浑天仪
由西汉落下闳发明，科学家张衡改进。

《白虎通义》
班固所撰，是中国汉代讲论五经同异，统一今文经义的一部重要著作。

张仲景
东汉末年著名医学家，写出了传世巨著《伤寒杂病论》，被后人尊称为"医圣"。

《说文解字》
由东汉许慎所撰，他是汉字学的开山鼻祖。

《汉书》
由东汉时期史学家班固编撰，是中国第一部纪传体断代史，"二十四史"之一。

水排
为中国古代劳动人民所创造，其原动力为水力。

击鼓说唱陶俑
东汉明器，被称为"汉代第一俑"。

古滇人
东汉初期，居住于以滇池为中心的古滇王国，制作有许多精美的青铜器。

匈奴

乌孙

东

唐发

旄羌

熹平石经
于东汉，刻成后立于洛阳
学门前，所以人们又称它
为"太学石经"。

地动仪
由东汉科学家张衡创
造，可以感知地震方位。

铜奔马
东汉青铜器，
又名"马踏飞燕"。

低温炼钢法

造纸术
中国四大发明之一，发明于
西汉，东汉时由蔡伦改进。

白马寺
始建于东汉，是佛教传入中
国后兴建的第一座官办寺院。

《论衡》
由东汉思想家王充所著，是
一部中国古代唯物主义的
哲学文献。

鲜卑

大兴安岭

挹娄

夫余

长白山

高句丽

沃沮

大
行
山

贺兰山

阴山山脉

黄
河

河
水

黄河

渤海

勃海

黄海

东海

东海

钓鱼岛 赤尾屿

夷洲

朱崖洲

南海
（涨海）
南海

汉

江

长江

水

东汉

夷洲

朱崖洲

南海
（涨海）
南海

南海

大汉铁骑
——铜奔马

"大汉骑兵的铁蹄踏破了天山的云雨，也踏过了千年的历史。"

铜奔马，铜马昂首嘶鸣，躯干壮实，四肢修长，微微偏向一侧的头高昂着，前面头顶的鬃毛和后面的马尾一致向后方飘飞，浑圆的躯体呈流线型，四肢动感强烈，三足腾空，右后方的一足踏着一只正在展翅奋飞的"风神鸟"龙雀。龙雀吃惊地回过头来观望。

汉代盛行车马冥器随葬，视马为财富的象征。铜奔马造型独特，和其他车马相互衬托，体现了汉代墓葬中随葬冥器的普遍性和特殊性的统一。

汉代开拓疆域，打通西域，设河西四郡，马发挥了独特的作用。根据河西汉简中的记载，马被广泛地用于交通驿站、长城防御、军事行动、民族和亲等方面，汉武帝曾经三次派人到西域去求乌孙马。马匹在汉代

可谓战功赫赫，功绩卓著。

　　出土铜奔马的甘肃省武威市雷台汉墓，约建于东汉晚期。据马俑胸前的铭文记载，这座墓是"守左骑千人张掖长张君"之墓。雷台汉墓出土文物中铸造最为精致的是99件铜车马仪仗俑，而工艺水平最高的是这匹铜奔马。

光武中兴

汉光武帝是一位堪称完美的帝王。

崤底之战

在与赤眉军的会战中，东汉征西大将军冯异以少数士兵伏击赤眉军于崤底，最终大获全胜。

昆阳之战

更始元年（公元 23 年），刘秀指挥绿林军对战王莽的军队，最终以少胜多，是绿林军推翻王莽政权的一次战略性决战。

铜马军

铜马军是新莽末年河北的农民起义军，后被刘秀击败并收编。刘秀本人也因此得到了"铜马帝"的称号。

光武中兴

光武帝刘秀以"柔道"治天下，整顿吏治，与民休息，出现了社会安定、经济恢复、人口增长的局面。

汉朝在光武帝时期恢复了往日的荣耀
他的文治武功
能够媲美汉朝任何一位君王

度田行动

为了控制豪强间的土地兼并，增加中央财税收入，光武帝刘秀下诏度田，核实农田和人口数量，并对谎报数据的官员严厉惩罚。

谶（chèn）纬之学

为稳固政权笼络民心，光武帝把谶纬之术作为一个重要的统治工具，以减少行政命令推行的阻力。

国家图书馆

光武帝下诏复兴文化，并设立专门机构搜集、编纂图书，光武帝迁都洛阳时就运回了2000多车各类典籍。

监察制度

为了加强对各地豪强世族以及各级行政机构的控制，东汉提升了御史中丞、司隶校尉和部刺史等多种监察类官员的权限和地位。

光武帝新分封了一批军功元老
但是却不让他们掌握实权
严禁大臣结党营私
努力加强皇权

文明的典范

——熹平石经残石

"当人们崇拜精神甚于刀剑之时，文明就进入了另外一个维度。"

东汉末期，汉灵帝试图用文化的力量来收揽天下人心，于是下令校订儒家典籍，并将这些典籍篆刻成石碑，立于太学门前。这46块碑，每块高3米，宽1米，一共花了8年时间才全部篆刻完成。篆刻完成后，全国各地的人都前来参观拓印，甚至还一度造成洛阳城交通堵塞。这46块碑被统称为熹平石经，它是儒家经典最早的官方范本，同时也是隶书书法的典范之作。

但是当时中央宦官外戚乱政，地方上诸侯豪强割据，石经刻好后第七年，董卓烧毁洛阳宫庙，太学荒废。石经受到严重的摧残，以致荡然难寻。北宋开始有石经残石出土。

虽然熹平石经命运坎坷，但是在将近400年的历史中，它却成为文明和正统

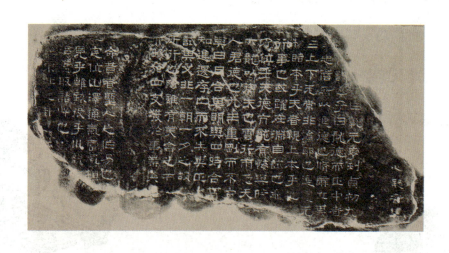

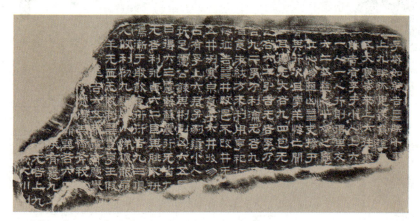

的代表。在历史上不仅起到
了传承文化和统一思想的作
用，还成为汉文化的精神象
征。现代人看到的熹平石经，
准确地说应该叫熹平石经残
石。正是这些在历史中支离
破碎的石块，构成了汉文化
的精神内核。

文物档案

名称： 熹平石经残石

年代： 东汉

材质： 石

规格： 规格不一

出土地： 河南洛阳

收藏地： 西安碑林博物馆

柔道治国

偃武修文、以柔治国。

退功臣而进文吏

光武帝统一天下后，开始抑制功臣实权。他予功臣以爵禄但不任以政事，而把治理国家的政事交给文臣。

尚书台

为削弱相权，光武帝时政归台阁，尚书台成为中枢行政机构，首脑为尚书令，辅佐天子出纳王命、批阅奏章等。

刺史制度

为了加强对地方的控制，光武帝沿用了刺史制度，并取消了地方军队。

三独坐

在东汉，御史中丞、司隶校尉、尚书令为百官之首，朝会时设专席而坐，故称为"三独坐"。

拒绝走后门

馆陶公主想让哥哥汉明帝安排自己的儿子做官，汉明帝却认为外甥并不适合，于是并未同意，但赏赐了外甥一笔钱。

爱民皇帝

光武帝在位期间，多次下诏书释放奴婢和禁止残害奴婢，以缓解紧张的社会矛盾。

向国家租田

东汉初年，国家把土地借给流民耕种，租种公田的流民成为佃农，向国家交地租纳税。假民公田既安置了流民，又增加了国家收入。

白虎观会议

白虎观会议是指汉章帝召集大夫、博士、议郎、郎官和诸生在白虎观召开的一次经学讨论会，班固对会议内容加以整理和总结，写成《白虎通义》。

任何时代都一样
一个国家想要变得富强
最重要的就是稳定经济和民生

君子和而不同
——孔子见老子画像石

"融合是中华文明的内在凝聚力。"

孔子见老子画像石出土于山东嘉祥县，墓主人身份不得而知。石面上的画面分两层，上层是孔子见老子，左边一人榜题"孔子"，右边一人榜题"老子"，孔子与老子中间的小孩是项橐（tuó）。孔子手中拿着鸠杖。鸠杖是古代表示尊重老人的信物，专由朝廷发放。相传鸠杖上方的鸠鸟为不噎鸟，用来祝福老人健康长寿。下层为车马出行图。图像构图注重平面化表达，轮廓清晰，造型简洁，线条生动有力。

孔子见老子画像出现在汉代墓葬中，印证了在汉代时孔子的故事已广为流传。实际上，这个题材在汉代墓葬中十分普遍，根据已发表的考古材料，汉画像"孔子见老子"的总数约有30余幅，以山东出土最多。

孔子是儒家学派的创始人，老子是道家学派的创始人。孔子见老子画像石形象再现了儒、道两位始祖交流学习、切磋学问的历史画卷，反映了当时注重文化的风气和儒学的发展。

东汉政局

东汉政权是一个皇权与士族豪门集团共治天下的政权。

田庄经济

东汉豪强地主占有大量的土地和人口，并以田庄的方式实行综合经营。他们经济独立，甚至拥有地方武装。

单于归汉

东汉时，匈奴内部发生分裂，南单于率领部众归附东汉，并联合汉军多次打败北单于。

佛教

相传，汉明帝派使者去西域求取佛经，使者用白马驮回佛经，并在洛阳修建了白马寺。

扫灭窦氏

汉章帝死后，汉和帝刘肇十岁继位，窦太后临朝听政。永元四年（公元92年），汉和帝联合宦官扫灭窦氏戚族，掌握大权。

班超镇西域

公元 91 年，东汉在西域重新设立西域都护府，班超任都护。班超在西域 31 年，后被皇室封为定远侯。

清议

东汉末年，官僚士大夫不满宦官专政，对当世人物多有品评，希望引起重视，在对抗当时黑暗的宦官专政方面有积极影响。

部曲佃客制

东汉末年，许多农民被地主控制，战时被武装为私兵部曲，户口附于地主家户籍。但农民有自己的财产，不可以被买卖。

月旦评

东汉末年，汝南地区的许劭兄弟常在每月初一发表对当代人物的品评，故称之为"月旦评"。

但这一手段在达到效果的同时
种种弊端也渐渐浮现
东汉的"溃疡"开始逐渐扩大

汉代街头表演
——击鼓说唱陶俑

"飞将军的弓箭、卓文君的浪漫故事、东方朔的魔术是流行的街头段子。"

东汉击鼓说唱陶俑被称为"汉代第一俑"。它是一件富有浓厚民间气息和地方风貌的雕塑作品，属于国家一级文物。击鼓说唱陶俑用泥质灰陶制成，陶俑的头上戴着帽子，肩膀高耸，穿着裤子光着脚，左臂抱着一扁鼓，右手举着棒槌准备击鼓，两臂戴有璎络珠饰。陶俑动作夸张，生动表现出一个俳优正在说唱的形象。

四川省成都市的天回山崖墓中出土了大量汉代陶器，有谷仓罐、钵、釜、盘、灯台等生活器具模型，井、水田、水塘、楼房、平房、琴、摇钱树座等仿制的生活环境，狗、马、鸡、鸭等家养动物类模型，还有由男女舞俑、抚琴俑、听琴俑、厨丁俑、持瓶女俑、持镜女俑、女坐俑、击鼓俑、持铲俑、武士俑等组成的陶俑阵。这

些出土陶器完整地展示了汉代贵族的生活细节。

　　说唱表演在汉代十分流行，幸运的说唱艺人会成为专职表演人员。汉代说唱艺人大致以调谑、滑稽、讽刺的表演为主。东汉击鼓说唱陶俑的出土从一个侧面反映了东汉的民间生活气息和地方风貌。

名称：击鼓说唱陶俑
年代：东汉
材质：陶
规格：高56厘米
出土地：四川成都
收藏地：中国国家博物馆

大厦将倾

外戚与宦官是皇权肌体上的毒瘤。

幼帝临朝

东汉中期以后，继位的皇帝大多年幼，大部分幼年皇帝都成为权力的傀儡。

梁冀专权

外戚梁冀先后立了三位皇帝，把持朝政，倒行逆施，最终被汉桓帝处死。

外戚和宦官乱政

东汉后期，外戚和宦官交替专权。他们轮流把持朝政，任用亲信，诛杀异己，导致政治腐朽不堪。

五侯乱权

因为拔除梁冀有功，五名宦官被封侯。皇帝本想依靠这些宦官治理朝堂，没想到朝政又被宦官控制。

党锢之祸

桓帝时，一些有骨气的官员和太学生联合起来反对宦官专政，结果反而被宦官迫害。

公开卖官

汉末，为了填补军费和财政的巨额支出，政府公开标价买卖官爵。地方官比朝官价格高一些，县官价格不一。

羌人起义

由于东汉边境官员暴虐腐败，羌人不断反抗。从汉安帝起，羌人发动了三次大规模的起义。

黄巾起义

黄巾起义由张角、张宝、张梁等人领导，起义虽然失败，但沉重打击了东汉的统治。

天灾人祸
迫使百姓纷纷揭竿而起
军阀割据
使东汉王朝面临崩溃的边缘

白虎观会议

东汉是我国哲学发展的重要时期，主要体现为官方太学的兴盛以及对儒家思想的宣扬。

侍卫甲

侍卫乙

魏应

淳于恭

汉章帝

班固

东汉时期的饮食，除了肉食外果食物增多，并对饮食的器具和氛分讲究。

东汉的史学成就在继承西汉的基础上有所进步，著名史学家班固著有《汉书》《白虎通义》等。

汉代的漆器以蜀郡、广汉出产最为有[名]，两地官造的漆器胎质主要有木胎和夹[纻]两种，都是精美绝伦的工艺品。

汉代的织绣业很发达，服饰主要有袍、襦、裙等。有钱人家可以穿绫罗绸缎，一般人家穿粗布短衣。

杨终

大臣甲

大臣乙

饮茶开始在东汉流行。据《汉书》记载，南方部分地区有茶叶种植的记录，精美的茶器也随之产生。

汉代历史大事记

公元前 202—220 年（包括王莽和更始帝）

公元前 202 年	公元前 193 年	公元前 154 年	公元前 138 年

君临天下

项羽兵败自杀，汉王刘邦即皇帝位，是为"汉高祖"，定都咸阳以东的长安。

病榻问相

相国萧何临终之际，汉惠帝刘盈问他，死后谁可接其位，萧何推荐曹参接替自己的位置。

七国之乱

七国之乱是诸侯王势力与中央专制皇权之间矛盾的爆发。七国之乱的平定，标志着西汉诸侯王势力的威胁基本被清除，中央集权得到巩固和加强。

张骞第一次出使西域

因匈奴边患，汉武帝派遣张骞出使西域，联络大月氏夹攻匈奴。

| 公元 8 年 | 公元 23 年 | 公元 92 年 | 184 年 |

王莽篡汉

王莽逼太子禅位而称帝，改国号新，终因急于改革，治国不当，为农民起义军所杀。

戚宦之争

大将军窦宪被宦官郑众诛杀，汉和帝宠信郑众，东汉进入宦官外戚交替干政的时代。

昆阳之战

更始元年（23 年），刘秀指挥绿林军对战王莽政权，以少胜多，是绿林军推翻王莽政权的一次战略性决战。

黄巾起义

黄巾起义由张角、张宝、张梁等人领导，起义虽然失败，但沉重打击了东汉的统治。

图书在版编目（CIP）数据

藏在博物馆里的中国历史·秦汉那些事儿 / 有识文
化，成都地图出版社编著；李红萍绘 . -- 成都：成都地
图出版社有限公司，2022.3
ISBN 978-7-5557-1862-8

Ⅰ. ①藏… Ⅱ. ①有… ②成… ③李… Ⅲ. ①中国历史—
秦汉时代—通俗读物 Ⅳ . ① K209

中国版本图书馆 CIP 数据核字（2021）第 263607 号

藏在博物馆里的中国历史·秦汉那些事儿

CANG ZAI BOWUGUAN LI DE ZHONGGUO LISHI · QIN-HAN NAXIE SHIR

策　　划	唐艳
主　　编	鄢来勇　刘国强　黄博文
副 主 编	姚虹　范玲娜　唐艳
责任编辑	陈红　魏玲玲
审　　校	魏小奎　吴朝香　王颖　赖红英　田帅
责任校对	向贵香
审　　订	肖圣中　邹水杰　毋有江　李春燕　李青青
	聂永芳　刘国强　姚虹　张忠　程海港
出版发行	成都地图出版社有限公司
印　　刷	运河（唐山）印务有限公司
经　　销	全国各地新华书店
开　　本	880 毫米 ×1230 毫米　1/16
印　　张	6
字　　数	80 千字
版　　次	2022 年 3 月第 1 版
印　　次	2022 年 3 月第 1 次印刷
书　　号	ISBN 978-7-5557-1862-8
审 图 号	GS（2022）18 号
定　　价	36.00 元